La Promotion de Puebla

A BELGRADE

PARIS
IMPRIMERIE H. BOUILLANT
28, RUE SERPENTE, 28
Maison principale à Saint-Denis, 20, rue de Paris
[illegible]

LA PROMOTION DE PUEBLA

A BELGRADE

La Promotion de Puebla

A BELGRADE

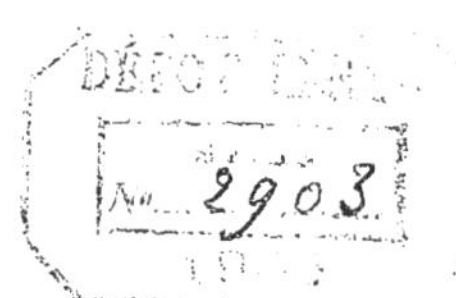

PARIS
IMPRIMERIE H. BOUILLANT
28, RUE SERPENTE, 28
Maison principale à Saint-Denis, 20, rue de Paris

—

1905

PRÉFACE

Cet opuscule a été écrit pour les officiers de la promotion de Puebla qui n'ont pas fait avec nous le voyage de Belgrade. J'ai l'intention de le leur adresser, pensant qu'ils le liront avec plaisir, bien que je sois sûr d'augmenter leurs regrets; s'il tombe sous les yeux des voyageurs il leur rappellera, j'en suis certain, les plus agréables souvenirs.

Les documents, c'est-à-dire les discours qu'il renferme, ont été pris dans l'annuaire de la promotion pour 1904; je lui ai emprunté aussi quelques considérations sur le voyage; c'est donc au comité et surtout à son secrétaire qu'en revient le principal mérite.

Le reste de cet opuscule est une compilation puisée à trois sources différentes d'information :

1° Un article de la *Revue hebdomadaire*, signé Pierre d'Hautmont, pseudonyme qui m'a l'air de cacher le nom d'un des quarante-sept autres voyageurs ;

2° Les considérations philosophiques parues dans divers journaux et dues à la plume d'un officier que je n'ai pas besoin de nommer, car tous ses amis le reconnaîtront à son style ;

3° Les lettres publiées par le *Journal d'Indre-et-Loire* dans ses numéros du 19 au 28 octobre, lettres écrites à la vapeur (c'est l'expression propre), et qui demandaient à être sérieusement expurgées et soigneusement condensées.

Chacun de nous a vu les choses d'un œil différent : le secrétaire-trésorier les a jugées plus sûrement que tous, puisqu'il était, comme confident du Roi, détenteur du texte officiel des discours de sa Majesté : il a narré le voyage d'une manière certainement plus fidèle, car à ses propres lumières se sont ajoutées celles des autres membres du Comité ; c'est un camarade qui a écrit pour ses camarades. M. Pierre d'Hautmont a fait le voyage au point de vue poétique et l'a raconté dans un style humoristique.

Pour moi, je l'ai écrit une première fois dans cinq lettres adressées au *Journal d'Indre-et-Loire* pour permettre à des amis de nous suivre, de France, dans nos pérégrinations ; maintenant je me borne à comparer mes impressions avec celles de mes co-voyageurs.

Quatre officiers ont donc collaboré. Le secrétaire-trésorier à qui revient de droit le n° 1, M. Pierre d'Hautmont que je prie de prendre le n° 46, le signataire de l'article philosophique qui a bien voulu adopter le n° 47 et enfin votre serviteur qui s'adjuge le n° 48.

COMMANDANT DORIZON.

Paris, décembre 1904.

La Promotion de Puebla

A BELGRADE

Le 10 octobre 1904, à sept heures du soir, nous montions, quarante-cinq officiers ou anciens officiers, dans l'Orient-express, à destination de Belgrade, et trois autres devaient se joindre à nous pendant le trajet.

Plusieurs revues ont raconté la genèse du voyage; je crois utile de la prendre dans l'une d'elles.

Le 21 novembre 1903, quelques mois après les tragiques événements de Belgrade, avait lieu le dîner annuel de la Promotion; un des treize élèves étrangers, Pierre Karageorgewitch, était devenu roi de Serbie!

Pierre Ier avait envoyé le télégramme suivant à ses camarades réunis au nombre de vingt-huit chez Marguery :

« Je m'associe de tout cœur à votre réunion, qui me rappelle de bien chers souvenirs. Malgré le temps et la distance, comptez-moi au nombre des vôtres; ma pensée est avec vous. J'espère que les chers camarades profiteront de leur réunion pour décider, sur mon invitation, que le prochain banquet aura lieu à Belgrade, où je serai heureux de les recevoir. »

L'assemblée avait répondu séance tenante :

« La Promotion de Puebla, reconnaissante à Sa Majesté Pierre 1er de n'avoir pas oublié ses camarades et amis de Saint-Cyr, La remercie des termes affectueux de sa dépêche ainsi que de son invitation qui a été acceptée de grand cœur. »

Il y avait, parmi ces vingt-huit suffragants, les commandants d'armée Doods et Hagron, les divisionnaires Branche, de Labatut, de Périni, le directeur du contrôle Lacapelle, l'intendant-général Darolles, les généraux de brigade de Forsanz, de France, Kolb, Privat, l'intendant Lanes, les colonels de Bellaing, de Bertier, Vialla, les lieutenants-colonels de la Pérelle, de Rose, Tournès et le major Faivret. L'élément civil était représenté par le sénateur de Goulaine, le député de Laurens-Castelev, cinq indépendants, le marquis de Larochelambert, Law de Lauriston, Nottin, de Bonardi, Charlier, et un juge de paix : Charbonnel-Salle. Treize d'entre eux purent être le 10 octobre 1904 au nombre des quarante-huit voyageurs.

Le Roi, de complicité avec son ami, le secrétaire-trésorier, avait tout prévu, tout réglé, tout préparé d'avance, et pendant onze jours et treize nuits ses invités ont pu se croire en pleine féerie.

Avant Nancy nous avions renoué connaissance, et le lendemain matin nous étions levés entre Stuttgard et Munich pour admirer la magnifique vallée du Danube.

La journée du 12 et la matinée du 13 furent consacrées à visiter l'altière capitale des empereurs d'Occident; tout y est splendide, mais le beau Danube n'y paraît plus bleu, puisqu'il y est devenu l'égout collecteur de la ville de Marie-Thérèse. A Vienne, les mœurs sont très courtoises : les journaux ont signalé notre présence: on nous sourit et on répond aimablement à nos questions. Les Viennoises sont jolies et gracieuses, et en flânant sur la Ringstrasse nous nous croyions sur le boulevard des Italiens. Cette ville possède de superbes monuments et nous laisse dans l'esprit une impression de grandeur, de richesse et de bonne tenue.

Dans la matinée du 13, au moment où nous attendions dans la cour de la Hofburg l'heure de visiter le trésor royal, nous étions mêlés à une foule énorme qui disparut en quelques instants; je m'enquis de la cause et j'appris qu'un aide de camp était sorti du palais et avait fait savoir que l'empereur ne se promènerait pas ce matin-là : toute cette foule l'attendait pour l'acclamer au passage.

François-Joseph vit au milieu de son peuple comme un père de famille entouré de ses enfants; il se montre presque chaque jour en ville, dans ses jardins ou le soir au théâtre de la cour. Le matin se traitent les affaires de l'État et à chaque instant des ministres ou des fonctionnaires en grande tenue entrent au palais ou en sortent. En Autriche tous les fonctionnaires, depuis le premier ministre qui préside aux destinées de l'empire, jusqu'à l'agent de police qui, à pied ou à cheval, au carrefour des rues, est chargé d'assurer le bon ordre et la libre circulation, tous sont pénétrés de l'importance de leur mission: cela se lit dans leur attitude et sur leur visage.

Bien que je n'aie pas l'intention de m'étendre ici sur les nombreuses curiosités de Vienne, je ne crois pas cependant devoir passer sous silence les magnifiques tombeaux de la famille impériale dans le couvent des Augustins, tombeaux qui renferment leurs corps, quand les cœurs sont contenus dans des urnes rangées sous la voûte d'un caveau voisin. Le Trésor royal nous avait aussi vivement intéressés, et il m'était impossible, en admirant ces magnifiques parures dont quelques-unes ont été françaises, de me défendre de pénibles réflexions. Il est bien évident que si la parure de Marie-Antoinette (diadème, ceinture, collier, boucles d'oreilles, corsage et montre, en diamants et rubis), au lieu d'avoir été cédée à l'Autriche par la duchesse d'Angoulême, était restée en France, elle eût été vendue en bloc à un juif ou détaillée rue Drouot.

Mais que deviendra cette collection, qui est sans doute la plus belle du monde, puisqu'elle appartient à la plus vieille dynastie de l'Europe? Que deviendra ce grand empire après la mort de François-Joseph, puisque tout le monde est

*

d'accord pour dire que le dernier soupir du vieillard sera le signal de la dislocation ? Comment même a-t-il pu rester aussi homogène jusqu'à ce jour, puisqu'il est le seul sur la surface du globe comprenant des sujets catholiques, protestants, orthodoxes et même mahométans?

A une heure de l'après-midi, nous étions revenus sur cette même place, pour assister à la parade qui s'y passe chaque jour sous les yeux de l'empereur. Au moment du défilé l'un de nous, s'adressant à ses voisins, leur communique ses impressions et ajoute : « Qu'en penses-tu, Majesté ? » A ce mot, tous les Autrichiens présents, qui avaient pu entendre le propos, se retournèrent intrigués, se demandant comment ces officiers français qui vont visiter une majesté peuvent en emmener une autre avec eux. L'interpellé se retire rapidement pour éviter la curiosité de la foule, d'ailleurs très sympathique : c'était M. Majesté, ancien officier de zouaves, démissionnaire depuis plus de trente ans.

Dans l'après-midi, le train nous emportait vers Budapest, et nous traversions le champ de bataille de Wagram, puis les grandes plaines désertes de la Hongrie, avec l'impatience d'en atteindre la capitale. Là on se croirait à Vienne : les longs boulevards, les hôtels élégants et la splendeur des monuments, sans parler des magnifiques ponts qui relient les deux rives du Danube, font notre admiration. Il y a quarante ans, cette capitale comptait 30,000 habitants; sa population a décuplé en vingt ans; dans les vingt dernières années elle a doublé, et maintenant elle dépasse 700,000 âmes. Nous y recevons un accueil sympathique, mais on n'y comprend pas le français, et on s'opiniâtre à ne pas vouloir y parler allemand; ce qui rend pour nous, ignorant le hongrois, les transactions très difficiles. Il y a une certaine effervescence dans la ville : on y attend l'empereur; pardon, ô Maggyars !... le roi de Hongrie.

Parmi les nombreux monuments visités dans la journée du 14, le Parlement mérite une mention particulière : il contient deux salles symétriques pour chacune des deux assemblées. Nous rencontrons, dans la salle des Pas-Perdus, le chef du parti libéral, vieillard de quatre-vingts ans, qui, dans une gracieuse allocution, nous souhaite la bienvenue.

Nous quittâmes Budapest dans l'après-midi du 15 pour nous rendre au but de notre voyage. A la gare, tout le monde étant installé dans les wagons, deux envoyés du Roi se présentent : MM. Nezadowitch, secrétaire intime, et le docteur Dinitch, médecin particulier de S. M. le Roi de Serbie; partis le matin même de Belgrade, ils ont mission de venir à notre rencontre et de nous accompagner jusqu'à la capitale. La connaissance est bientôt faite; nous demandons des nouvelles du roi, et nous nous entretenons de la Serbie et de ses habitants. La nuit était venue et nous ne voyions plus depuis longtemps déjà les immenses pâturages de la Hongrie, quand nous quittâmes la gare de Semlin, dernière ville hongroise; alors nous aperçûmes les lumières de la capitale de la Serbie; les cœurs battent, l'impatience grandit, nous traversons le pont de la Save, et le train stoppe à 9 heures 45 en gare de Belgrade.

Si nous étions entrés à Vienne et à Budapest, à Belgrade nous faisons une entrée. Les quais sont envahis par une foule sympathique; nous pénétrons dans le joli salon de la gare où sont réunis : le ministre de France, M. Benoist, les membres de la légation, le maréchal de la Cour, le ministre de Serbie à Paris, M. Vesnitch, les officiers de la maison royale que le roi avait désignés pour nous servir de cicérone, et de nombreux personnages qui nous sont présentés.

Le plus ancien membre et le secrétaire du Comité vont immédiatement faire une visite au roi, qui les en a fait prier, et ils prennent ses instructions pour le séjour à Belgrade. Pendant la réception à la gare et le défilé des voitures, on entend crier: « Vive la France! » Dans les rues parcourues on remarque, de distance en distance, des sentinelles doubles, sans armes, qui saluent notre passage.

Nous étions à peine installés à l'Hôtel de Paris, que le programme suivant nous fut communiqué:

PROGRAMME DE LA COUR

Dimanche 16 octobre.

A 9 heures du matin. — Visite de l'église-cathédrale, de la forteresse et du musée militaire;

A 11 heures et demie. — Réception en tenue de ville chez S. M. le Roi;

A midi. — Déjeuner intime au Palais avec les princes royaux;

Après-midi. — Visite au musée ethnographique, promenade en voiture à Toptchidère;

A 7 heures. — Dîner de la Promotion.

Lundi 17 octobre.

A 9 heures du matin. — Visite de l'Exposition slave de peinture et de l'Académie militaire;

A midi. — Déjeuner au Palais avec les ministres de Sa Majesté;

A 7 heures. — Dîner de gala au Palais;

A 9 heures. — Réception au Palais, thé dansant.

Mardi 18 octobre.

A 9 heures du matin. — Excursion en bateau à vapeur sur la Save et le Danube;

A midi. — Déjeuner au Palais;

Après-midi. — Visite de la manufacture des tabacs;

A 4 heures. — Réception et thé chez le ministre de France;

A 7 heures. — Dîner d'adieu au Palais;

A 9 heures et demie. — Bal de l'Exposition des artistes Sud slaves.

Nous trouvons tous, dans nos chambres d'hôtel, un journal serbe qui commence par le salut suivant en langue française:

SALUT A LA FRANCE !

En cette année du centenaire de la Révolution serbe, pendant laquelle notre nation célèbre les glorieux exploits du grand Karageorges, le libérateur de la Serbie ; en cette année si riche en solennités et en événements qui marquent les progrès accomplis par notre pays, le séjour, chez nous, des officiers de l'armée française, de cette armée qui a porté sa gloire dans toutes les parties du monde, sera encore un événement dont nous avons le droit d'être fiers.

Toute la Serbie prendra part à la joie qu'éprouvera son Souverain en se retrouvant parmi ses camarades d'école, ses compagnons d'armes, tous ces vaillants avec lesquels il partagea la gloire de combattre pour la première des nations.

Enfants d'un pays qui a conquis sa liberté au prix d'efforts surhumains, de luttes légendaires, c'est avec orgueil que nous verrons dans notre capitale les fils de cette France qui, la première, proclama les principes de la Liberté, de l'Égalité, de la Fraternité.

Nous souhaitons, aux hôtes de notre roi, la bienvenue en Serbie, dont les sympathies ont toujours été vouées à leur Patrie, à la France, la reine des nations, et, avec tous nos compatriotes, nous nous écrions :

Vive la promotion de Puebla !
Vive la France !
Vive l'armée française !

Que dire maintenant de l'exécution du programme de la cour ? Il a été d'un bout à l'autre un enchantement. Chaque soir, émerveillés des brillantes réceptions de la journée, nous nous racontions les amabilités, les gracieusetés et les prévenances de notre camarade-Roi, qui n'a pensé pendant trois jours qu'à prévenir nos moindres désirs et à nous laisser un souvenir inoubliable. Chacun peut aujourd'hui raconter ses impressions; elles seront peut-être différentes sur les détails des entretiens particuliers avec Sa Majesté, mais certainement unanimes sur la cordialité et la splendeur de la réception, qui a laissé dans nos esprits comme un souvenir de rêve accompli. A toutes les requêtes présentées, le Roi a bien voulu répondre gracieusement et favorablement. Il a offert à tous son portrait; à tous il a donné une décoratioon de l'ordre royal l'Étoile Karageorges.

Le dimanche 16, à neuf heures du matin, nous attendions S. M. dans la basilique orthodoxe. A l'exception du secrétaire de la Promotion, qui à Saint-Cyr était son camarade de lit et est resté depuis l'école en rapport constant avec le Roi, et du colonel de Rose qui, habitant Genève depuis sa mise à la retraite, y a été son confident, presque tous nous n'avions revu notre ancien camarade que dans les banquets de Promotion; quelques-nns ne l'avaient pas rencontré depuis Saint-Cyr; les combattants de l'armée de la Loire, depuis la bataille d'Orléans, où le lieutenant Karageorgewitch avait vaillamment défendu avec la légion étrangère la gare des Aubrays. Aussi cette triple haie de Français, rangée sur le côté gauche du chœur, salua-t-elle le Roi avec émotion, quand elle le vit, alerte et jeune, sanglé dans son uniforme sévère, la casquette à la main, se placer seul sur le côté droit. Deux aides de camp étaient derrière lui. Un sourire gracieux fut la seule réponse à ce salut : un évêque officiait. Après avoir assisté à la première partie de l'office, nous quittions la cathédrale en grand nombre, c'est-à-dire tous les catholiques, pour aller assister à dix heures et demie, à la messe de notre religion, dans la chapelle de la légation d'Autriche, qui contient le seul autel catholique de Belgrade.

Ensuite a eu lieu la réception officielle au palais. Le Roi s'arrêta devant chacun de nous, le reconnut, lui serra la main, lui rappela spontanément un souvenir commun et témoigna à tous le bonheur qu'il éprouvait à nous voir en si grand nombre à Belgrade. Il nous présenta ses charmants fils, les princes Georges et Alexandre, de dix-sept et seize ans, et son neveu le prince Paul, beaucoup plus jeune, puis les aides de camp. Le prince royal et son frère ont la sveltesse, les traits expressifs et le regard pénétrant de leur père, ils font de sérieuses études, sous la direction d'un officier supérieur des plus distingués de l'armée française, le commandant Levasseur, de l'artillerie coloniale. Quelques privilégiés ont connu leur mère, fille aînée du prince de Monténégro, sœur de la reine d'Italie et de deux grandes-duchesses de Russie.

Pendant le déjeuner familial, auquel personne n'a pu assister en dehors de la Promotion, mes voisins de table me rappelaient la vie du Roi. En 1876, la Serbie et le Monténégro, à l'instigation de la Russie, ont déclaré la guerre au Sultan. Karageorgewitch, exclu de l'armée serbe par Milan Obrenowitch, offrit son épée à son ancien condisciple de Sainte-Barbe, le prince de Monténégro, Nicolas Petrowitch. Il commanda, sous le nom de Petar Mrkognitch, une bande importante de Montagnards Bosniaques et contribua puissamment à l'émancipation de la nation serbe. En 1883 il épousait la princesse Zorka : il n'y eut pas de ménage plus heureux.

La princesse Hélène de Serbie est, paraît-il, le portrait vivant de sa mère. La reine d'Italie, sa marraine, n'aime pas à s'en séparer; voilà pourquoi la princesse est à Rome, et, au grand regret de la Promotion, ne fait pas les honneurs du Palais royal.

Dans la journée, promenade au Toptchidère, bois de Boulogne de Belgrade, où s'ébattent les cerfs et les daims que les jeunes princes, excellents tireurs, chassent de temps en temps. C'est dimanche, les promeneurs se découvrent sur le passage des Français, amis du Roi; devant les cafés, les officiers nous saluent.

A sept heures, dîner de Promotion dans les conditions où il a été institué depuis vingt-deux ans. Le plus ancien membre du Comité, le général Hardy de Périni, est assis en face du Roi qui a le secrétaire-trésorier à sa droite.

Au dessert, le Président s'exprime ainsi :

« Sire,

« En novembre 1903, des devoirs de Roi ont empêché Votre Majesté d'assister à la réunion annuelle de notre Promotion et, par dépêche, vous nous avez invités à célébrer à Belgrade notre 22e banquet.

« La Promotion sommeillait, vous l'avez réveillée ; nous étions 28 à Paris l'an dernier, nous voici 48 à Belgrade ! Nous y serions tous, si tous avaient pu répondre au gracieux appel de Votre Majesté. C'est une grande joie, Sire, pour vos camarades de l'École militaire, de saluer votre royauté dans la capitale conquise, il y a cent ans, par votre vaillant aïeul Karageorges, le libérateur de la Serbie. (*Bravos et applaudissements.*)

« Nous ne sommes que des voyageurs de passage, des amis dévoués et fidèles, conviés par vous à une fête du cœur, qui conservera son caractère d'affectueuse intimité, mais nous pourrions dire à la Nation qui vous acclame, à l'armée qui trouve en vous le chef qu'elle attendait :
« Faites comme nous : aimez Pierre Ier parce qu'il est bon ;
« suivez-le parce qu'il est brave ; secondez-le dans sa noble
« tâche de pasteur des hommes ; aidez-le à vous rendre
« heureux ! » (*Bravos.*)

« Sire,

« C'est au nom des 120 survivants de la Promotion de Puebla, avec qui vous avez reçu, en 1870, le baptême du feu ; c'est aussi en mémoire des camarades qui ne sont plus, que je lève mon verre en l'honneur de Votre Majesté, de leurs Altesses le prince héritier et le prince royal, la princesse Hélène, et que nous buvons à la gloire de votre règne, aux drapeaux de votre armée, au bonheur de la nation serbe ! (*Bravos prolongés.*)

« Et maintenant que nous avons rendu à Votre Majesté l'hommage qui Lui est dû, nous allons, suivant votre désir, reprendre, à Belgrade, les traditions du dîner annuel.

« Les morts d'abord ! Hélas ! mes chers camarades, s'il en est parmi nous qui restent invinciblement jeunes et alertes comme le roi Pierre Ier, il y en a qui sont malhabiles à lutter contre l'hiver qui nous gagne !

« L'an dernier, trois camarades manquaient à l'appel ; ils sont cinq aujourd'hui : *de Lipowski, de Margon, Maire, Moisy, de la Pommeraye.*

« *De Dipowski,* ce général de francs-tireurs qui a attaché son nom à la belle défense de Châteaudun ;

« *De Margon,* un colonel de Hussards que son régiment aurait suivi au bout du monde ;

« *Moisy,* lieutenant-colonel de territoriaux, prolongeant comme tant d'autres, au delà de la retraite, l'espoir de servir encore la Patrie quand elle criera : « Aux armes ! »

« *Maire,* le petit caporal *Maire,* de Saint-Cyr, qui nous semblait le type accompli de la courtoisie française.

« Enfin, le deuil de la dernière heure, le général de division *de la Pommeraye!* Il aurait apporté à Belgrade sa gaîté, son esprit, sa vaillance de cœur ; sa place est vide et nous le pleurons !

« J'ai fini ; *Nottin,* que rien n'arrête quand il s'agit de nous prouver son affection et son dévouement, a bravé un rhumatisme importun pour être exact au rendez-vous de Belgrade, et le voilà, à côté du roi, ce patriarche, cette cheville ouvrière de la Promotion, celui qui sait tout, qui prévoit tout, qui réussit tout !

« Il va nous faire son rapport annuel sur l'état de nos finances, et lire les dépêches des absents, mais avant de lui passer la parole, je lui dirai que S. M. Pierre Ier et ses 48 camarades n'auraient pas trouvé la fête complète s'il y avait manqué. (*Applaudissements*).

Sa Majesté le Roi prend ensuite la parole en ces termes :

Mes Camarades, mes bien chers Amis,

Je ne saurais répondre à votre interprète, Hardy de Périni, en employant le style charmant et spirituel qui lui est propre, mais ce que je vous dirai simplement sortira du plus profond de mon cœur.

Je savais bien que je vous aimais, mais je n'aurais jamais cru éprouver une émotion aussi forte qu'hier au soir, au moment où je me suis dit que mes plus vieux amis arrivaient de France pour me voir et entraient dans Belgrade. (*Applaudissements.*)

Il y a quarante ans, après deux années, pendant lesquelles nous avions appris à nous connaître et à nous aimer, nous sortions de Saint-Cyr, la tête haute, fiers de notre nouvelle épaulette, fiers de nous ! Nous avions la foi dans l'avenir, nous avions l'espérance, nous avions l'amour ! Chacun de nous a livré la bataille de la vie. Il y a eu des vainqueurs et des vaincus, des déceptions, des douleurs et des joies, mais une seule chose n'a pas changé et ne changera jamais, notre affection. (*Bravos et applaudissements.*)

Et, en ce moment, mon plus grand bonheur est de me dire que vous êtes venus voir Kara. — Oui, c'est chez Kara que vous êtes ! — Oublions tout le reste du monde pendant que nous sommes réunis, ne vivons que de souvenirs et de bonne amitié, en pensant aux absents qui n'ont pu se joindre à nous et auxquels j'envoie, avec mes regrets, mes plus chers souvenirs.

Je lève mon verre à la santé de tous. (*Bravos et applaudissements prolongés.*)

L'ordre du jour étant épuisé, Sa Majesté a levé la séance et nous l'avons suivie dans les salons. Les officiers présents lui ont immédiatement offert, en souvenir du beau voyage et de la magnifique réception, le volume grand in-4° : « Saint-Cyr », par le lieutenant-colonel E. Titeux. Ensuite le colonel Tournès, prenant le bras du Roi, le conduisit vers une porte donnant dans la grande salle des fêtes, et là, aux trois coups convenus, les portes s'ouvrirent et Sa

Majesté put contempler la maquette en plâtre de son buste splendidement éclairé, exécuté par le baron Portalis. Le Roi, ses fils, la cour et nous tous exprimâmes notre admiration pour cette œuvre grandiose et d'une parfaite ressemblance. Le moins satisfait était l'auteur qui s'excusa de n'avoir pu faire mieux d'après des photographies et qui demanda une séance de retouche pour le lendemain matin; elle lui fut accordée et il put parfaire son œuvre. A onze heures du soir nous quittions le Palais royal.

Le lendemain lundi, avant le déjeuner, séance de photographie; à onze heures et demie, présentation des ministres qui déjeunèrent aussi au Konak. A trois heures, nouvelle séance de photographie à la suite de laquelle S. M. nous conféra des décorations. Le reste de l'après-midi fut employé à la visite des monuments. Nous revînmes à sept heures au Palais pour le dîner de gala, aussi beau que celui de la veille.

Le corps diplomatique, la cour et la ville se pressaient dès neuf heures et demie dans la salle du trône. A dix heures et quart le roi fit son entrée, entouré de ses camarades portant les belles décorations données dans la journée. Le Roi prend la main de la femme d'un de ses ministres et ouvre le bal par le Kolo, danse nationale serbe; successivement les couples forment une longue chaîne qui serpente gracieusement, conduite par Sa Majesté. Les Français n'entrent guère en scène qu'à la valse, mais ils n'en cèdent pas leur part. A une heure du matin, souper debout dans toutes les salles, excepté dans celle du bal.

Le Roi se retire vers deux heures et demie après avoir dit un mot aimable à chaque invité, un compliment à chaque femme, compliments bien mérités, car si sainte Mousseline veille rigoureusement sur les toilettes, au moins sont-elles d'un goût exquis : beaucoup viennent de Budapest, de Vienne ou même de Paris.

Mardi 18, la matinée est employée à une promenade en steamer sur la Save, avant le déjeuner intime au palais. Dans la journée, réception à la légation de France : la maîtresse de maison, Mme Benoist, en fait les honneurs avec sa grâce coutumière; elle était aidée par la charmante Mme Henry Martin.

A cinq heures j'étais encore occupé avec un jeune Serbe qui me traduisait d'un journal de Belgrade le texte d'un discours du Roi et, comme il y avait beaucoup de lacunes, je rappelais mes souvenirs pour suppléer à ce qui manquait quand un aide de camp vint me faire remarquer combien Sa Majesté tenait à ce qu'aucun de nous ne manquât au thé de la légation de France qui devait prendre fin à six heures. Je termine rapidement mon article de journal, je saute dans une voiture et j'arrive dans les salons du ministre qui me présente à Mme Benoist. Elle a l'amabilité de dire : « Mais je connais beaucoup le commandant, c'est lui qui a avancé ses vendanges et retardé le mariage de sa fille pour venir à Belgrade. » J'étais très intrigué de cet accueil plus que gracieux et je lui répondis que si elle était ainsi au courant des faits et gestes de mes quarante-sept camarades, elle était vraiment née pour la diplomatie; j'ajoutai même que si toutes les femmes de diplomates étaient aussi bien renseignées, elles devaient avoir au moins autant de travail que leurs maris; mais je n'étais pas encore fixé sur la manière dont avaient été recueillis ces renseignements circonstanciés, quand Mme Benoist voulut bien me donner le mot de l'énigme. Elle avait voyagé de Munich à Vienne dans le même train que nous, et comme nos histoires se racontaient à haute voix, elle avait entendu mes camarades parler de moi et de mes vendanges.

A sept heures, dîner d'adieu au palais; le Roi a prononcé les paroles suivantes qui résument les pensées de son cœur :

Mes Camarades et Chers Amis,

« Les voilà finis, ces trois jours, que vous m'avez donnés, je dirais presque trois jours de jeunesse, en tous cas, trois jours de bonheur.

Le Palais de Belgrade conservera toujours, grâce à l'or-

talis, un souvenir de votre trop court passage ; celui gravé dans mon cœur ne sera pas moins impérissable.

Vous connaissez maintenant le chemin de la Serbie, et l'accueil qui vous y attend, j'espère que vous ne l'oublierez jamais.

Partez pour la belle France où ma pensée vous rejoint si souvent, pour la belle France toujours admirée et enviée de tous, le Paradis de mes vingt ans.

Partez et dites à ceux qui n'ont pu vous accompagner : nous avons été reçus à Belgrade par un frère ; votre absence, seule, a empêché son bonheur d'être complet.

Une dernière fois, en vous souhaitant un bon voyage et vous disant adieu, je lève mon verre en l'honneur de la Promotion de Puebla. »

(*Bravos et vive émotion.*)

Le plus ancien membre du Comité se lève et improvise la réponse suivante :

« SIRE,

« Vous nous appelez vos frères ; oui, nous sommes vos frères depuis 42 ans et ce voyage à Belgrade a cimenté à jamais la confraternité saint-cyrienne !

« C'est un conte de fées ; le petit Poucet a semé sur la route ses cailloux blancs et nous les relèverons, un à un, pour nous souvenir :

« Une chaumière et un cœur », disent les poètes !

« C'est un palais et un cœur que nous avons trouvé à Belgrade : le palais de l'hospitalité féerique et le cœur de Roi qui bat à l'unisson des nôtres !

« A l'arbre de votre race ont poussé, Sire, de généreux rameaux ; voilà à vos côtés vos deux fils sur lesquels compte la Serbie et ces princes sauront, à votre exemple, être dignes de leurs ancêtres ! La fleur de l'arbre, c'est la princesse Hélène qui a conservé la grâce et le charme de sa mère !

« Encore une fois, Sire, nous vous disons : « Merci! » et nous levons nos verres à la Serbie et à son Roi! » — (*Cris de vive le Roi! et bravos!*)

Au bout de deux heures de causerie affectueuse, le Roi et ses hôtes se sont séparés, après trois jours de fête du cœur, comme l'avait si justement dit le plus ancien membre du comité : c'est le cœur, en effet, qui a fait tous les frais du voyage!

Durant tous les repas, tour à tour les musiques de la garde royale et des régiments de la garnison étaient venus exécuter au palais les meilleurs morceaux de leurs répertoires. Pendant le dîner de Promotion l'air de la Galette avait été joué par la musique et chanté par le major Faivret. Après le discours d'adieu, nous avons écouté tous debout la *Marseillaise* et la marche royale.

A 10 heures, en prenant congé de nous pour se rendre à la fête des artistes slaves du Sud, Sa Majesté exprima le regret de ne pouvoir donner l'accolade à chacun de nous et embrassa pour tous son camarade et ami le secrétaire-trésorier, M. Nottin, surnommé le patriarche de la Promotion. Elle donna ensuite rendez-vous à la salle Kolaratz, à ceux qui désiraient La revoir une dernière fois. Nous nous y rendîmes en très grand nombre ; le Roi y arriva à 10 heures et demie et aussitôt il donna le signal de la danse en conduisant le premier Kolo.

A l'entrée nous avions reçu un petit carton dont je cherchais vainement l'usage; un de mes amis plus au courant que moi des mœurs serbes m'expliqua que ce carton était mon bulletin de vote et que j'avais le droit et même le devoir de l'offrir à la plus jolie danseuse. Comme cette explication m'était donnée en présence d'une très jolie femme à laquelle il m'avait présenté la veille et qui était du reste la seule que je connusse dans le bal, mon carton alla vite à sa destination. Beaucoup de nos camarades présentés, au fur et à mesure de leur arrivée au bal, firent de même. Nous croyions voter pour cette jeune femme, mais il n'en était rien : elle tenait seulement à réunir un grand

nombre de bulletins de vote pour en faire profiter une protégée.

Nous apprîmes à la fin du bal que le vote était illusoire, car la triomphatrice avait été désignée dès la veille.

Je ne pus m'empêcher de dire aux quelques personnes qui étaient près de moi que le suffrage universel en Serbie, au moins au bal, ressemblait énormément à celui que je voyais pratiquer en France depuis un demi-siècle.

A 4 heures nous sortions de la salle Kolaratz. A 5 heures et demie nous quittions Belgrade : malgré l'heure matinale nous avions été accompagnés par le ministre de France, le président du Conseil, le maréchal de la Cour, le secrétaire intime du Roi, le commandant gouverneur de S. A. R. le prince héritier de Serbie, le chef du bureau politique de la presse au ministère des Affaires étrangères, et les officiers aides de camp de la maison royale qui nous avaient été attachés pendant notre séjour à Belgrade. Nous les remerciâmes chaleureusement pour toutes leurs aimables attentions, et nous prîmes place dans le train pour aller d'une traite à Innsbrück où nous débarquions le lendemain soir.

Après trente-six heures de séjour dans cette ville, où nous admirâmes le mausolée de Maximilien entouré de trente statues de ses ancêtres et de ceux de sa femme Marie de Bourgogne, nous rentrâmes par Zurich et Bâle dans notre belle France où une surprise d'un autre genre nous attendait à la frontière.

Les douaniers des puissances étrangères avaient été, autant que le leur permet leur métier, pleins d'égards pour nous. Voici comment les visites se passaient : à chaque frontière les employés montaient dans le train et d'une station à la suivante visitaient nos valises et descendaient pour prendre un train en sens inverse qui les ramenait à leur poste. Les douaniers français avaient la prétention de nous faire descendre nos valises, de nous les faire ranger sur le quai de la gare pour les inspecter. Après de longs pourparlers nous arrivâmes à leur faire comprendre qu'il était dur pour des officiers français d'être traités plus sévèrement dans leur propre pays que dans les autres, en Allemagne, par exemple. Ils se laissèrent attendrir. A minuit, le 22 octobre, nous étions à la gare de l'Est et je dois à la vérité de dire que l'octroi n'y fut pas trop rigide ; peut-être était-ce à cause de l'heure avancée ?

Le récit de notre voyage est terminé, je veux y ajouter quelques compléments qui n'intéresseront peut-être pas tous mes lecteurs, mais qui m'ont été demandés par certains de ceux qui avaient lu mes lettres publiées, en octobre, par le *Journal d'Indre-et-Loire* ; c'est pourquoi je reproduis d'abord en partie la dernière.

« L'Huilerie, le 24 octobre 1904.

« Mon cher Directeur,

« J'ai su que certains de vos lecteurs attendaient de moi autre chose que le contenu de mes lignes. L'un d'eux m'écrivait, après ma première lettre, qu'il attendait anxieusement le récit de nos entretiens avec le Roi. C'était précisément le point délicat, et que j'ai voulu éviter soigneusement, parce que les conversations que nous avons eues individuellement avec le Roi touchaient toujours à des affaires personnelles et le plus souvent confidentielles. Quand Sa Majesté nous parlait, après les repas, à plusieurs réunis autour d'Elle, nous La questionnions sur son gouvernement, son peuple, sa vie, ses espérances ; vous comprendrez facilement que je ne puis écrire dans un journal sur un pareil sujet.

« Après vous avoir fait connaître mes impressions de voyage, je veux vous dire les deux sentiments qu'il m'a inspirés : le premier est l'étonnement, le second est une certaine tristesse.

« Ne trouverez-vous pas extraordinaire, en effet, que quarante ans après leur sortie de l'école, dans une promo-

tion de 250, sur lesquels il ne reste plus que 120, il puisse se trouver 48 hommes en état de faire un pareil voyage; et encore il est juste de joindre à ces 48 tous ceux qui ont été empêchés par leurs occupations ou d'autres causes étrangères à leur santé. J'ai été étonné aussi de pouvoir, quoique Français, crier : Vive le Roi! sans être appréhendé au collet.

« La tristesse que nous avons été très nombreux à ressentir, nous a été inspirée par l'attitude du Roi, quand il nous fit ses adieux et qu'il nous dit qu'il faudrait ajouter un zéro aux trois jours que nous avions passés avec lui. On ne peut se faire à distance une idée juste de la situation du Roi, de son gouvernement et de son peuple.

« Quand Pierre Ier est monté sur le trône, il a trouvé toutes les caisses vides, ce qui n'a pas contribué à faciliter les débuts de son règne. Si vous joignez à cela l'antipathie d'un certain parti et les difficultés créées par les partisans du gouvernement qui venait de sombrer tragiquement, vous croirez facilement que tout n'est pas rose dans le métier de roi. Après une année de règne, Pierre Ier travaille tous les jours, de huit heures à onze heures avec ses ministres, et presque tous les jours, de deux heures à cinq heures et demie, il donne des audiences ; voyez le temps qui lui reste pour s'occuper de ses enfants, de ses amis et de ses intérêts.

« Je vous demande la permission d'évoquer ici un souvenir personnel qui remonte très loin. C'était le jour de l'enterrement, à Paris, du roi de Hanovre; je fus coupé par le défilé qui longeait les grands boulevards, et dans l'impossibilité où j'étais d'aller faire une course de l'autre côté, je me joignis à la foule pour regarder, comme elle, le défilé. Deux femmes étaient près de moi, et, quand le catafalque passa, l'une d'elles, en voyant sa richesse, dit à l'autre : « C'est tout de même agréable d'être roi. » Je vous assure que je n'ai pas fait la même réflexion en quittant la cour de Serbie.

« Je saisis cette occasion de vous répéter que le meurtre auquel on a voulu le mêler était aussi ignoré de lui que de vous ou de moi. Je vais même plus loin : il était ignoré même, la veille, de ceux qui l'ont accompli dans la nuit suivante. Une conjuration avait été ourdie; elle avait pour but de faire abdiquer le roi : tout à coup, elle est découverte, et c'est alors que les conjurés se dirent : « Nous « sommes perdus, et mieux vaut que ce soient les cou« pables qui meurent à notre place. » De là la scène sanglante du konack.

« Le roi était un être débile, inintelligent, sous l'empire absolu de Draga qui, de temps en temps, s'offrait, paraît-il, le plaisir de faire disparaître certains officiers. On les trouvait pendus chez eux, le public disait qu'ils s'étaient suicidés; mais personne n'en croyait rien et tout s'est payé à un moment donné. Sans vouloir excuser les exécutions de la nuit sanglante, permettez-moi de vous faire remarquer que tout, surtout en pareille matière, est très relatif. D'abord les hommes ayant mené toute leur vie une existence calme et tranquille, bondissent beaucoup plus que les militaires, à l'idée d'une semblable exécution; ensuite les officiers qui ont servi aux colonies, où on est souvent obligé de faire bon marché de la vie humaine, se troublent moins que nous à l'idée d'un coup de force, et enfin les Serbes, qui, à tout prendre, sont des Orientaux, trouvent presque naturel ce qui nous a révoltés. Joignez à cela que dans les pays slaves les populations n'ont pas encore l'habitude d'entendre souvent dire que leur souverain est mort de vieillesse, vous aurez le point de vue auquel il est juste de se placer pour juger les événements qui ont ensanglanté l'ancien konack. Mais si de là vous auguriez que le roi actuel n'a pas été le premier terrifié à la nouvelle de la mort du précédent, vous seriez dans la plus grossière erreur. La presse des deux Mondes l'en aurait, à un moment, rendu responsable; mais vous n'ignorez sans doute pas que cette presse, qui était grassement subventionnée par le roi précédent, s'est vu supprimer toute subvention par Pierre Ier; c'est ce qui explique l'animosité qu'elle déploie depuis un an contre ce monarque. « Les journaux qui émargeaient au budget de la cour de Serbie ont trouvé amer d'être privés de subvention, ils ont fait des articles contre le roi, et d'autres les ont reproduits. Il y a dix mois, un journal auquel j'étais abonné avait copié l'un de ces entrefilets; j'allai trouver son directeur et le priai de faire cesser la reproduction de pareils articles s'il voulait que je continuasse mon abonnement : il me donna satisfaction.

« Après ces quelques réflexions sur le roi, je tiens à vous faire savoir ce que l'on doit, à mon avis, penser de la puissance militaire des peuples dont nous avons visité les capitales.

« On a dit, il y a trente ans, que la France était une nation qui avait une armée, tandis que l'Allemagne était une armée qui avait une nation. C'est parfaitement exact, et c'est aussi applicable à l'Autriche: du haut en bas de l'échelle sociale, c'est la hiérarchie militaire. Dans toute société bien établie, l'autorité se puise en haut et ne saurait émaner d'en bas. Le souverain est investi d'une autorité qui lui vient de Dieu et qu'il délègue à ses subordonnés, tandis qu'en France, l'autorité vient de l'élection, c'est-à-dire d'en bas et d'une urne qui a souvent trop de fonds. Qu'arrive-t-il? Dans une monarchie, on sait sur qui s'appuyer, et chez nous on ne sait pas toujours au juste par qui on sera lâché, mais on est sûr de l'être!

« La nation serbe n'est pas encore aussi militarisée, mais c'est une affaire de temps, et avec le souverain actuel, elle fera de rapides progrès. C'est déjà en très bonne voie.

« L'une des choses qui m'ont le plus frappé dans le cours de ce voyage est la déférence dont nous étions l'objet, et non pas nous seulement, mais tout homme ayant l'air par ses habits d'appartenir à une certaine classe de la société. Quand je me présentais dans un édifice, un monument public quelconque, les gardiens et les employés se découvraient, souvent se mettaient à ma disposition, à cause du ruban qu'ils voyaient à ma boutonnière. Cela me rappelle un souvenir d'il y a quelques années. Un jour, dans mon village, un homme qui ne me connaissait pas, vint me dire : « Vous avez été décoré; l'aviez-vous mérité? » Je ne sais s'il avait toute sa raison, mais il lui en restait assez pour détaler rapidement quand je le menaçai de la sanction que, lui, méritait bien.

« Cette observation donne, à mon avis, la note juste sur la différence des caractères des peuples.

« Bien cordialement à vous,

« Com[t] Dorizon. »

Bien que j'aie écrit dans la lettre précédente que je ne croyais pas devoir divulguer le secret des conversations des salons du konak, et surtout des entretiens particuliers avec le Roi, je ne crois pas manquer à la discrétion que je me suis imposée en rapportant ici l'un de ces entretiens, puisqu'il ne concerne que moi et les miens.

Quand j'avais reçu, longtemps avant le voyage, l'invitation du Roi, j'avais répondu d'une manière un peu dubitative, car il était question depuis plusieurs mois d'un mariage pour ma fille et je prévoyais que, s'il avait lieu, l'époque coïnciderait forcément avec celle du voyage.

Le 25 août, le mariage était décidé et je fis en sorte qu'il n'eût lieu qu'en novembre pour pouvoir aller à Belgrade. J'eus alors l'idée, qui ne me serait certainement pas venue sans la coïncidence des dates du voyage et du mariage, de faire demander au Roi de Serbie de vouloir bien être témoin de ma fille.

J'avais connu Karageorgewitch à l'École, mais sans être lié avec lui ; le hasard ne me l'avait fait rencontrer que trois fois depuis quarante ans. En 1870, après les affaires d'Orléans, je suivais mon régiment, le 9e cuirassiers, en colonne par quatre sur une route, faisant les fonctions de capitaine en second de l'escadron de queue ; des soldats de la légion étrangère marchaient, dans la même direction que nous, de chaque côté de la route, pour nous la laisser libre ; je fus appelé par un officier, c'était Karageorgewitch. Il me raconta qu'il était transi de froid et que toute la nuit, passée à la belle étoile, autant qu'il m'en souvient, il en avait beaucoup souffert. Je lui offris une couverture qu'il accepta et je fis desseller mon cheval de main pour la lui donner.

Je ne le revis que bien longtemps après, vers 1887, à un dîner de promotion, puis à un autre dîner plus récent, en novembre 1902, au Cercle militaire ; nous étions en face l'un de l'autre et nous causâmes assez longuement ensemble. Je n'osais donc pas lui demander moi-même de me faire l'honneur d'être témoin de ma fille. J'en écrivis à un de mes camarades que je savais plus lié avec le Roi, et il me répondit que ma demande ne serait sans doute pas agréée, attendu que le fait d'être témoin d'un mariage ou celui d'être parrain créait en Serbie un lien de parenté, appelé « Koumstovo », et que ce Koumstovo faisait contracter au témoin ou au parrain des obligations très sérieuses. J'eus beau lui représenter que les obligations ne pouvaient pas être les mêmes envers une Française, surtout habitant à près de 3,000 kilomètres, je n'arrivai pas à le convaincre. Ce n'était pas le Koumstovo qui me faisait craindre un refus, mais l'idée que le Roi refuserait peut-être pour ne pas créer un précédent. Quelques jours après je vis un autre de mes camarades au moins aussi lié avec le Roi, je lui racontai ce qui précède, et au lieu de me dissuader il m'encouragea. Je le priai alors de tâter le terrain et de faire la demande pour moi, s'il croyait à sa réussite.

C'est ce qui eut lieu, et dans la soirée du 16 octobre, à la sortie du dîner de Promotion, Sa Majesté daigna me prendre le bras pour m'en parler, me disant qu'Elle acceptait de grand cœur, et Elle ajouta sous forme de gracieux reproche : « Pourquoi ne me l'as-tu pas demandé toi-même? » Je lui répondis que j'avais eu peur d'un refus et le Roi affecta de ne vouloir pas comprendre que j'aie pu avoir une pareille idée.

— Qui veux-tu, me demanda Sa Majesté, pour me remplacer ?

Je citai trois noms d'officiers généraux que je savais assez liés avec le Roi, inclinant pour l'un, surtout parce qu'il était présent. Nous avions fait ainsi plusieurs fois la longueur du grand salon du Konak quand nous nous trouvâmes en face du général de Chabot dont précisément nous parlions et pour lequel le Roi venait de se décider. Sa Majesté l'appela et la chose fut convenue séance tenante; après quelques instants je m'éloignai pour laisser le Roi donner ses instructions au général.

Le 25 octobre je recevais la pièce suivante :

« Mon cher Dorizon,

« J'accepte avec plaisir d'être le témoin de Mlle Madeleine Dorizon, à propos de son mariage avec M. Gabriel de Chaumeils, vicomte de Lacoste.

« J'espère que Dieu exaucera les vœux que je lui adresse pour le bonheur de Votre fille.

« Je charge le Général, comte de Chabot, notre camarade de la Promotion de Puebla, de me représenter à la cérémonie et vous donne l'assurance de mes sentiments affectueux.

« PIERRE. »

Belgrade, le 6/19 octobre 1904.

J'avais dit à l'ami qui avait bien voulu faire la démarche que je désirais que Sa Majesté s'abstînt de tout cadeau, mais que, si Elle y tenait absolument, Elle donnât à ma fille une couverture de voyage, en remplacement de celle de 1870. Je ne sais si la commission a été bien faite; en tous les cas, le Roi n'a voulu en tenir aucun compte, puisque le 13/26 octobre, j'étais avisé que Sa Majesté, voulant adresser un souvenir au jeune ménage, m'envoyait un lot de tapis de Pirot, spécialité de la Serbie.

Je priai M. le Maréchal de la Cour de transmettre mes remerciements à Sa Majesté. Quelques jours après, m'arrivaient huit superbes tapis, dont six ont plus de vingt mètres carrés.

Le 8 novembre, jour du mariage civil, à la fin du dîner que M. le ministre de Serbie avait bien voulu honorer de sa présence, je le priais, en ces termes, d'être mon interprète auprès de Sa Majesté :

« Monsieur le Ministre,

« Je remercie Votre Excellence d'avoir accepté notre invitation; je la prie de transmettre à Sa Majesté Pierre Ier l'expression de ma reconnaissance pour avoir daigné être témoin du mariage, celle de mes remerciements pour les magnifiques tapis, et enfin celle de mon amitié respectueuse et déjà vieille, puisqu'elle date de près d'un demi-siècle. »

M. le ministre, dans une improvisation charmante, voulut bien dire les vœux que son auguste souverain formait pour le bonheur des jeunes époux et y ajouter ses propres souhaits. Le lendemain 9, le mariage religieux était célébré dans la chapelle des Invalides.

Comme je l'ai dit dans la préface de cet opuscule, je le termine par l'article philosophique dû à la plume d'un de mes compagnons de voyage, qui a résumé en quelques lignes nos impressions communes, et qui les a rédigées beaucoup mieux que je n'aurais su le faire moi-même. Ces considérations ont été publiées dans le *Journal d'Indre-et-Loire* aux dates des 25 et 26 novembre 1904, et je les reproduis textuellement :

NOUVELLES ÉTRANGÈRES

« Paris, le 19 novembre 1904.

« Mon cher Directeur,

« Vous m'aviez prié de demander au journaliste dont je vous avais parlé, un article pour le *Journal d'Indre-et-Loire*. J'ai fait votre commission, mais je dois vous avouer que les indiscrétions de ce journaliste auraient dépassé les bornes que je voulais lui permettre.

« Je n'ai pas insisté, et si cet écrivain veut faire paraître un article sur Belgrade, j'aime mieux ne pas être complice de ses élucubrations ; je me suis donc adressé ailleurs.

« Un de mes amis a écrit à votre intention l'article ci-après que je trouve très vrai ; je pense qu'il vous plaira, ou vous seriez bien difficile : je suis d'autant plus à l'aise pour en vanter la forme que j'y ai moins collaboré comme vous l'attestera l'écriture du manuscrit.

« Bien cordialement à vous,

« Commandant DORIZON ».

CONSIDÉRATIONS PHILOSOPHIQUES

SUR LE VOYAGE DE LA PROMOTION DE PUEBLA A BELGRADE

Il y a trois semaines que les 48 officiers ou anciens officiers de la Promotion de Puebla sont rentrés à Paris, après un voyage vraiment merveilleux, organisé par la Société des Voyages universels de la rue Montmartre. C'est bien le moment de jeter un coup d'œil rétrospectif sur les diverses phases de ce voyage pour en faire ressortir certains côtés qu'on a jusqu'ici tenus dans l'ombre.

Et d'abord, ce voyage n'a pas eu le moindre caractère politique. C'est un camarade de Saint-Cyr qui, devenu roi, a voulu réunir des amis dont il n'avait pas vu certains depuis quarante ans, pour leur prouver que s'il était devenu souverain, il était resté pour ses anciens compagnons d'armes un frère, faisant passer avant toutes choses les souvenirs et les affections du cœur.

Lorsque Pierre Ier a été proclamé roi à l'unanimité des voix de la Skouptchina, la Presse a enregistré cette nomination en la commentant d'une façon peu bienveillante; on s'est plu à voir en Karageorgewitch un conspirateur ayant, de Genève, dirigé un complot parfaitement agencé, aboutissant à l'assassinat d'Alexandre et de sa femme Draga.

C'était là une erreur perfide. Des conversations particulières qu'ont eues certains camarades de la Promotion de Puebla avec ceux qui ont été mêlés au drame de Belgrade, résulte clairemement que Karageorgewitch était, la veille de cette catastrophe, dans l'ignorance de ce qui allait se passer. Il savait que sa patrie était dirigée par un roi indigne, digne fils du triste Milan, et par une femme intrigante et perfide passant sa vie à abrutir son époux, à vider les caisses de l'État au profit de tous les siens; il n'ignorait certes pas que ce roi et cette reine avaient souvent fait disparaître, d'une façon violente, ceux qui voulaient entraver leur action malfaisante.

Quant à la Révolution, elle a été le résultat spontané d'une indignation générale du pays serbe, et si l'armée a été violente et cruelle pour le roi Alexandre et pour la reine Draga, c'est que la force ne raisonne pas.

C'est la fatalité des choses qui a transformé la conjuration qui avait simplement pour but l'abdication d'un roi et d'une reine indignes, en tragédie sanglante.

Que ceux qui se montrent si sévères pour l'armée serbe ouvrent l'histoire de leur propre pays et ils deviendront moins sévères pour les révolutionnaires de Belgrade. Quand un pays est exploité pendant de longues années par une dynastie de rastaquouères, quand les caisses se vident et que la dette d'un pays de trois millions d'habitants atteint en quelques années le chiffre de 500 millions avec un budget annuel de seulement 86 millions;

Quand les impôts augmentent constamment; que la misère publique s'étale au grand jour, on excuse la Révolution et on comprend plus facilement les moyens violents qui la réalisent.

Pierre Karageorgewitch a été appelé au trône de Serbie par ses compatriotes, parce que la Révolution aboutissait ou à la République ou à la Monarchie traditionnelle. La

République n'était pas possible à cause de la situation même de la Serbie, aussi le peuple serbe s'est-il adressé au descendant du grand Karageorges, le libérateur du pays, pour lui demander de rétablir chez lui l'ordre, la paix, l'économie, pour, en un mot, refaire la Patrie.

Et ce n'est pas une petite tâche qu'a acceptée Pierre Ier, étant donnée la situation économique et politique du peuple serbe; s'il l'a acceptée, c'est qu'il est avant tout un patriote et un homme de cœur. Exilé de son pays par les Obrenowitch, Karageorgewitch avait adopté la France comme seconde patrie, et lorsque cette seconde patrie a été dans le malheur, en 1870, il lui a donné son épée pour la défendre.

Élevé à Saint-Cyr avec la Promotion de Puebla, il a voulu, à l'heure sombre, se montrer reconnaissant envers la France et il a versé son sang pour elle.

Pierre Ier est un sentimental et, en même temps, un homme dans toute l'acception du mot.

Devenu roi par suite de circonstances imprévues, il a voulu relier tout de suite la tradition qui le ratttache à la France, et son premier mouvement a été de se retourner vers ses camarades de Saint-Cyr, *pour leur demander de venir, aux yeux de l'Europe, attester en quelle estime il était tenu par ses anciens compagnons d'armes.*

Si la Promotion de Puebla a accepté de venir en si grand nombre à Belgrade, c est que tous ceux qui survivent de cette Promotion connaissent le caractère élevé du nouveau roi, et ont tenu à lui apporter le témoignage de leur affection.

48 officiers ou anciens officiers ont répondu à l'invitation de Pierre Ier, mais sur 120 qui vivent encore de la Promotion de Puebla, 70 de ceux qui n'ont pu faire le voyage, c'est-à-dire la presque unanimité, ont répondu par un télégramme affectueux.

Le voyage a été enchanteur. Comme l'a si bien dit le plus ancien membre du Comité, le général Hardy de Périni, ce voyage a été un Conte de Fées, celui du Petit Poucet semant des cailloux blancs pour retrouver sa route. Le Roi a semé la route de Paris à Belgrade de souvenirs ineffaçables pour ses camarades.

Je ne vous raconterai pas les détails de ce voyage : nous ne nous arrêterons pas à Vienne, la ville aux rues larges et aérées, où la Promotion a visité San-Stefan, le Trésor royal, la Hofburg, le Théâtre impérial, Schœnbrunn ; nous n'insisterons pas sur la visite à Buda-Pesth, cette ville sortie si rapidement de terre et qui s'est construit des monuments admirables : Le Parlement, le Palais de Justice, le Château Impérial, les magnifiques ponts suspendus sur le Danube.

Nous nous contenterons d'admirer en Autriche-Hongrie la bonne tenue des populations, leur esprit hiérarchique.

On y sent que l'autorité vient d'en haut et que le principe d'autorité, si méconnu dans certains pays, a conservé dans ces régions toute sa force bienfaisante.

Faut-il ajouter que la Société des Voyages universels avait préparé avec un soin digne des plus grands éloges le séjour dans les hôtels, la visite des villes en landaus dont les cochers avaient au bras le brassard national; faut-il vanter les menus succulents des hôtels Continental (à Vienne), d'Angleterre et Bristol (à Buda-Pesth) ?

Dois-je vous dire que l'installation en chemin de fer, aux hôtels, a été parfaite et calculée pour que des hommes ayant atteint un âge déjà avancé puissent supporter les fatigues inhérentes à un parcours de 6,000 kilomètres accompli en quelques jours ?

Je n'insiste pas et j'arrive à l'entrée de la Promotion à Belgrade. C'est le dimanche 16 octobre, à 9 heures 45, qu'elle a eu lieu.

La gare de Belgrade est brillamment illuminée ; le président du Conseil des ministres de Serbie, le ministre de la Guerre, le ministre de Serbie en France, le Conseil municipal de Belgrade, une délégation de l'armée, et autour de la gare et sur les quais, dix mille personnes sont là attendant les officiers français.

Le train stoppe, les voyageurs en descendent, et aussitôt un immense cri de « Vive la France ! » retentit.

Le président du Conseil, M. Gronitch, souhaite la bienvenue; le général Hardy de Périni, répond avec émotion et, après la présentation des personnages officiels, on monte en voiture pour gagner l'hôtel du Palais où des chambres confortables ont été préparées.

Devant l'hôtel, la foule fait des ovations enthousiastes; la Promotion comprend qu'elle est dans un pays ami, heureux du bonheur de son Roi.

Et, en effet, les journées du 17, du 18 et du 19 octobre vont être, pour Pierre Ier et pour ses camarades, trois journées des plus douces émotions, un échange cordial et sans arrière-pensées de sentiments réciproques d'estime et d'affection. C'est d'abord la présentation au Palais, après la messe à la cathédrale orthodoxe où le Roi a aperçu ses camarades respectueusement rangés sur les côtés : présentation simple et touchante.

Le Roi, sans hésitation, reconnaît tous ses camarades, sauf deux ou trois que les années ont légèrement changés.

A partir de ce moment, c'est l'intimité qui règne, c'est un Roi qui tutoie ses anciens camarades et s'enquiert de leurs situations, de leurs familles.

Et puis, ce sont ces six repas des trois jours partagés en camarades; c'est cet inoubliable dîner de Promotion d'où l'étiquette est bannie, où les comptes de la Promotion sont lus, où les plaisanteries de l'école sont remémorées; c'est le chant de la Galette qu'accompagne la musique de la garde, à laquelle le roi l'a fait apprendre, par la plus délicate des attentions.

Et cette surprise ménagée au Roi après le dîner, de voir son buste, œuvre remarquable d'un camarade, le baron Portalis, au milieu de la salle du trône, où le lendemain, au bal officiel, il fera l'admiration de tous les invités.

Je ne veux pas m'étendre sur ces conversations intimes, où le Roi n'est plus qu'un camarade; sur ces séances phographiques, où Pierre Ier, souriant, aime à poser au milieu de nous.

Il faudrait aussi raconter cette réception merveilleuse où furent conviés le corps diplomatique, les ministres serbes, les autorités, l'armée, où se trouvaient réunies les plus jolies femmes de Belgrade, et où le Roi fit son entrée entouré de ses quarante-huit camarades de Promotion, ayant sur la poitrine la décoration de l'Étoile Karageorges que le souverain leur avait gracieusement adressée avant la fête. C'était véritablement un beau spectacle que cette entrée du Roi au milieu de l'élite de ses sujets, recevant publiquement le témoignage de l'estime en laquelle le tiennent ses anciens compagnons d'armes.

Mais les plus belles choses ne peuvent éternellement durer, tout a une fin ici-bas.

Le 18 octobre a eu lieu le dîner d'adieu et le Roi s'exprime ainsi :

« Jusqu'à présent, vous étiez mes amis, désormais vous êtes mes frères. Votre voyage a resserré plus étroitement les liens qui m'attachaient à ma patrie d'élection, à la chère et noble France, que j'ai toujours aimée, que j'aimerai toujours ! »

Et ce noble souverain ajoute : « Vous êtes restés parmi nous trois jours qui ont été les plus beaux de ma vie; que ne peut-on y ajouter un zéro pour prolonger ce rêve enchanteur ! »

Le lendemain 19 octobre, à six heures du matin, c'est le départ et le retour par Inspruck, « la ville de Maximilien d'Autriche, comme Vienne et Budapest sont celles de Marie-Thérèse ». La visite au château Isel, au château d'Ambras, au monument de l'empereur Maximilien Ier, au château impérial, au musée, etc., etc. Enfin, c'est la rentrée en France par l'Arlberg et Zurich.

Pendant ce voyage merveilleux, les quarante-huit camarade de la Promotion de Puebla ont eu entre eux les rapports les plus cordiaux et ont vécu pendant ces onze jours la vie de sincère amitié qu'ils ont vécue à Saint-Cyr quarante ans plus tôt.

Avant de tirer une conclusion de ce voyage, nous citerous les 48 noms des officiers qui y ont pris part : Azéma de Castet La Boulbène, de Bertier, de Ghaine de Bourmont, Buffet, de Chabot, Charbonnel-Salle, Didier, Dorizon, Dumas de Marveille, Faivret, de Fradel, Fradin de Bellabre,

Gasquet, Guillet, Hardy de Périni, Huon de Permadec, Kolb, Prieur de Lacomble, de Lagrené, Lanes, de Lardenelle, Larrivet, de Laurens-Castelet, Lecat, Lhermitte, Lombart, Leyer, Majesté, de Maréchal, Moulezem, Monprofit, de Mouspey, de Marin de Montonarin, Morand de la Porelle, Nottin, Opigez, Parent, Portalis, Privat, du Pueh, Reynold de Sérézin, Ricard, de la Rochelambert, Rouillon, Savari, Tabouet, Tournès, de Tricornot de Roze.

Ceux qui sont démissionnaires occupent tous les situations les plus honorables, et il n'en est pas un seul qui ne porte le signe de l'honneur sur la poitrine.

Tout s'est donc bien passé dans ce voyage. Les sentiments de la bonne camaraderie ont été exprimés sous toutes les formes, et le peuple serbe a pu comprendre que si Pierre Ier était estimé et aimé de ses camarades, c'est qu'il l'avait mérité par une vie honorable.

Les appréhensions de nos gouvernants n'ont pas été justifiées, les bâtons dans les roues mis par le ministre de la guerre et le chef d'état-major général, ont été déjoués par la sagesse des 48 officiers ou anciens officiers, qui ont eu, dans ces circonstances, une attitude digne des plus grands éloges, attitude que leur a dictée l'amitié qu'ils ont tous pour le souverain de la Serbie. Que la diplomatie craintive, trop craintive, hélas! se rassure : la France n'est pas compromise par ce voyage et il n'en résultera qu'une action réciproque de notre pays et de la Serbie, cimentée par les liens de profonde amitié de Pierre Ier et de la Promotion de Puebla.

Espérons que les relations commerciales, industrielles, politiques, deviendront plus intimes entre la France et la Serbie, et que notre pays saura contribuer au développement et à la grandeur d'un royaume qui, mis en coupe réglée par une dynastie sans pudeur, a trouvé un Roi digne de diriger ses destinées. La tâche de ce Roi n'est pas facile. Il appartient à ses amis de la lui faciliter; le voyage de la Promotion de Puebla y contribuera certainement.

L'UN DES 48.

www.ingramcontent.com/pod-product-compliance
Ingram Content Group UK Ltd.
Pitfield, Milton Keynes, MK11 3LW, UK
UKHW012112240726
13965UKWH00004B/1719